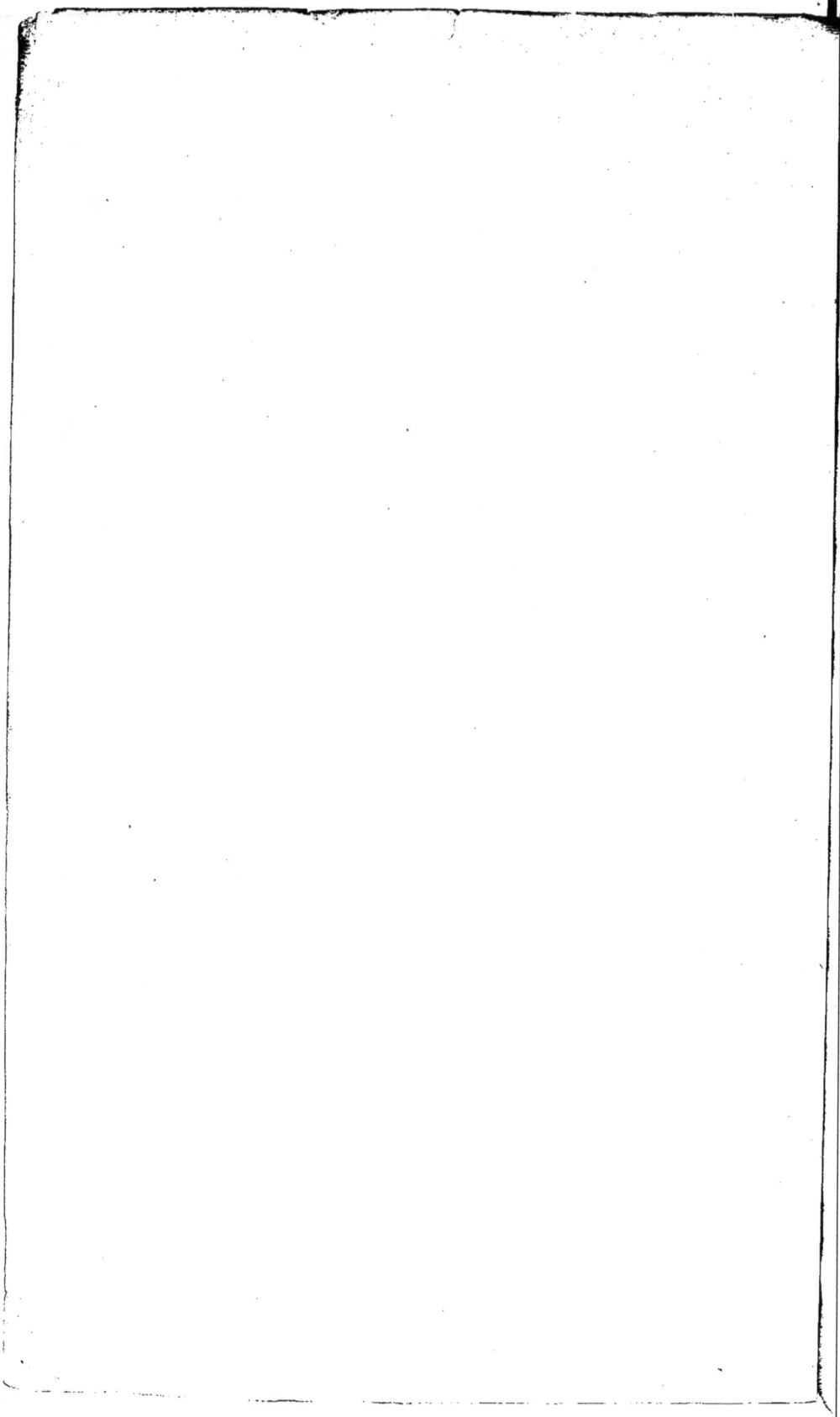

SUPPRESSION

DE L'AGIOTAGE

A LA BOURSE

PROJET PRÉSENTÉ AU SÉNAT

Le 14 mars 1870

PAR

BARRY

ANCIEN CULTIVATEUR

Membre fondateur de la Société des Agriculteurs de France

Prix : 80 centimes

PARIS

GARNIER FRÈRES, ÉDITEURS

RUE DES SAINTS-PÈRES, 6

et chez l'Auteur, rue de Rivoli, 148.

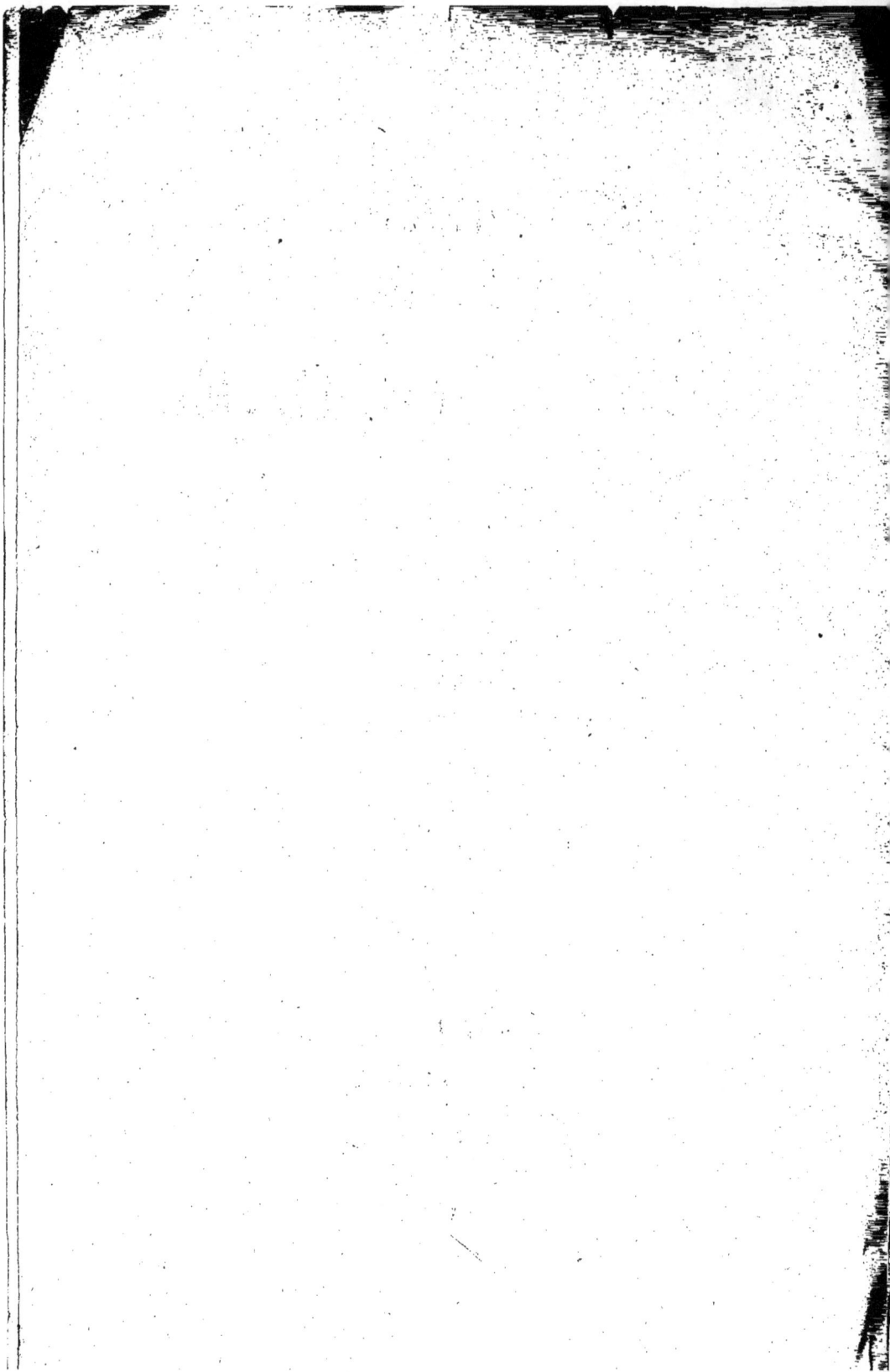

SUPPRESSION

DE L'AGIOTAGE

A LA BOURSE

PROJET PRÉSENTÉ AU SÉNAT
Le 14 mars 1870

PAR

BARRY

ANCIEN CULTIVATEUR

Membre fondateur de la Société des Agriculteurs de France

~~~~~~~~~~

PRIX : 50 CENTIMES

~~~~~~~~~~

PARIS

GARNIER FRÈRES, ÉDITEURS

RUE DES SAINTS-PÈRES, 6

et chez l'Auteur, rue de Rivoli. 148.

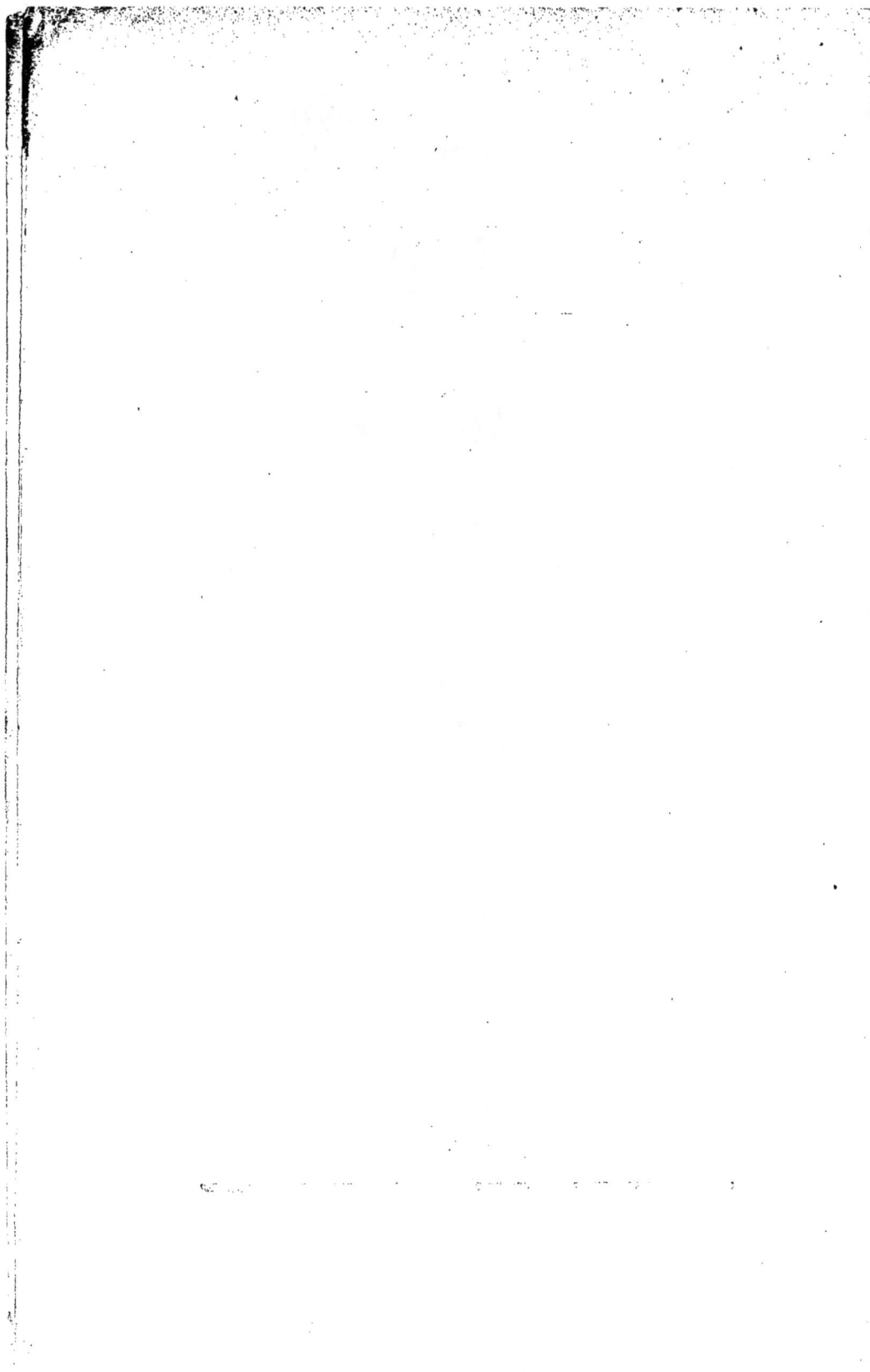

SUPPRESSION

DE

L'AGIOTAGE A LA BOURSE

Pour tout homme clairvoyant, il était facile, depuis nombre d'années, de prévoir par les opérations de la Bourse, la catastrophe qui nous menaçait : il ne suffisait pour cela que de suivre assidûment ces opérations.

Ce sujet méritant d'être scrupuleusement examiné, il n'est pas sans intérêt d'indiquer l'époque et l'origine de cet établissement et quel fut son but.

La Bourse fut instituée à Paris en 1724. Les Bourses primitives furent simplement des Bourses de commerce, mais lorsque les opérations sur les fonds publics et sur les effets particuliers prirent un grand développement, elles furent obligées de se dédoubler, et alors on distingua les Bourses de commerce, des Bourses pour les négociations d'effets publics.

Sans suivre la marche de la Bourse jusqu'en 1848, il est utile de rappeler que, depuis sa création jusqu'à cette époque, la mauvaise foi s'est glissée dans cet établissement et a laissé le champ libre aux agioteurs, à tel point que les affaires sont devenues impossibles pour les agents de change qui se trouvaient menacés d'une ruine générale, par des clients de mauvaise foi et insolvables, dont les procédés étaient de donner des ordres d'achat, soit au comptant, soit à terme. Si les valeurs haussaient, ils réclamaient

leurs titres, si au contraire elles baissaient, ils les laissaient
à leurs mandataires. Ce système n'était donc que ruineux
pour les agents de change. Aussi, vers 1846 ou 1847, pour
se mettre en garde contre une pareille déloyauté', les
agents de change s'entendirent, et résolurent de demander
à leurs clients, avant d'acheter, ce qu'ils appellent une
couverture, qui consiste en un dépôt de fonds pour parer
aux éventualités de baisse pendant le délai nécessaire pour
régulariser la négociation. Ce remède n'a pas été suffisant
pour empêcher l'agiotage de faire d'immenses progrès.

A partir de 1848, il est sans contredit que nous sommes
entrés dans une phase nouvelle d'opérations par l'extension
qu'ont prises les affaires, dont nulle autre époque n'offre
d'exemple. Jusque là le goût des associations n'avait guère
fait de progrès ; mais à partir de 1852 il prit un essor in-
comparable, dont le plus puissant mobile a été l'établissement des chemins de fer. Cette entreprise a eu besoin
d'une forte somme de capitaux ; elle fut heureuse dans son
début, car les transports sont arrivés en abondance, ce qui
a permis de réaliser des bénéfices importants.

A l'aide de ces gros bénéfices, les valeurs cotées à la
Bourse se sont élevées à des prix fabuleux. Ce mouvement
a donné naissance à d'autres entreprises, telles que Crédit
foncier, Crédit mobilier, Société immobilière, etc., etc.,
dont la valeur des titres s'est élevée démesurément.

Si ces valeurs n'avaient haussé que par suite d'un résultat avantageux, leurs prix se seraient maintenus et nous
n'aurions pas aujourd'hui tant de ruines à déplorer : mais,
la spéculation s'en étant mêlée, l'artifice a fait son chemin,
et on eut recours à tous les subterfuges pour tromper le cré-
dule public.

Au moyen de l'agiotage et de l'accaparement, on parvint
à former des monopoles de chaque valeur. En effet, rien
n'était plus facile pour faire monter les valeurs, que de les
racheter au fur et à mesure qu'elles étaient mises en vente.

Prenons pour exemple le Crédit mobilier dont les actions

émises à 500 francs ont en quelques années atteint le chiffre fabuleux de 2,000 francs. Il est donc évident que cette élévation de prix n'était que le résultat de l'agiotage : aussi rien n'a été négligé : on a même été jusqu'à dédoubler les actions en annonçant que c'était pour satisfaire aux exigences des opérations qui prenaient une immense extension, et ce n'était que le signe précurseur de sa ruine. Tous les expédients étant épuisés, on eut recours à ce dernier moyen pour prolonger quelque temps son existence.

Il en fut de même pour l'Immobilière. Méfions-nous des établissements qui dédoublent leurs actions, car dans la plupart des cas, ce n'est que pour faire un arbitrage entre les nouveaux titres et les anciens, ce qui leur fournit des ressources, sans que la masse des porteurs de titres s'en aperçoivent : opération qui n'est qu'un nouvel emprunt déguisé.

Le Crédit foncier laissait espérer de grands services pour le pays par sa merveilleuse combinaison. Les promoteurs de cette institution avaient promis de prêter spécialement à l'agriculture. Si après avoir vu émettre ses actions à 500 francs, et précipitamment arriver à 2,000 francs, résultant de l'écart qu'il y a entre l'emprunt et le prêt, n'y aurait-il pas lieu de déplorer qu'un établissement appelé à rendre de si grands services prête à de si gros intérêts ?

De même que toutes les compagnies financières, le Crédit foncier a négligé la promesse qu'il avait faite, et au lieu d'offrir ses capitaux à l'agriculture, il les a offerts à la construction et s'est en même temps occupé de spéculations de bourse, moyen facile dans des temps, en apparence, prospères, pour réaliser de gros bénéfices ; il ne s'agissait, ainsi qu'il en a déjà été parlé, que de faire quelques réclames par l'intermédiaire de la presse pour faire monter les valeurs, et, l'établissement les rachetant en grande partie, a fini par se constituer un monopole qui lui permit, l'impulsion étant donnée, de faire continuer le mouvement ascensionnel de ces valeurs, en n'en mettant

en vente qu'une petite quantité à la fois. Cette combinaison
entra donc pour une forte part dans les bénéfices réalisés ;
ce qui permit de donner un fort dividende aux actionnaires.

Examinons maintenant les conséquences d'une telle
spéculation, et d'autres encore plus dangereuses, qui sont
les souscriptions d'emprunts.

Dans les temps prospères, les opérations de Bourse font
faire des fortunes immenses ; mais ces temps ne sont jamais de longue durée, et supposons qu'un grand établissement financier, le Crédit foncier par exemple, soit parvenu
à racheter une grande partie de ses titres à un prix
relativement élevé, dans l'espoir de les revendre à une
époque postérieure à un prix plus élevé encore, en vue de
réaliser des bénéfices, et qu'immédiatement après être
possesseur de ces titres, il survienne un bouleversement
dans les affaires comme celui occasionné par la guerre de
1870, évidemment cet établissement se verrait à la veille
de sa ruine. Il se trouverait dans les mêmes conditions
après avoir souscrit un emprunt de la Ville ou un emprunt
d'État.

Ces réflexions sont utiles pour démontrer que toutes ces
combinaisons ne font que rendre les opérations de Bourse
plus redoutable.

En effet, ce lieu dont l'institution laissait espérer de
grands services est, progressivement, arrivé à constituer
le lieu le plus dangereux qui existe.

Pour quiconque fréquente cet établissement, il est facile
de remarquer que l'on n'y respire que le trouble et l'agitation, sans quoi les valeurs n'auraient qu'une variation insi-
gnifiante. On met en circulation dans ce lieu les bruits les
plus invraisemblables. Tantôt c'est un changement de mi-
nistère, c'est la maladie d'un souverain, un différend avec
un peuple voisin, ce qui fait baisser les valeurs. Le lendemain, ces nouvelles sont démenties et l'escamotage est
fait.

Pour prouver l'instabilité du prix des valeurs, il ne suffit que de constater que la nomination d'un seul représentant d'une opinion prononcée peut faire varier le prix des valeurs cotées à la Bourse, ce qui peut être prouvé par les élections de 1869 (1).

Si les opérations de la Bourse n'avaient pour conséquences que de ruiner les imprudents qui se livrent à des spéculations si dangereuses, il ne suffirait, par humanité pour eux, que de leur exposer clairement le danger qu'ils courent et les abandonner à leur malheureux sort; mais cela s'étend beaucoup plus loin et atteint la population toute entière.

Les opérations faites à la Bourse sont, aujourd'hui, tellement propagées dans la société, qu'on a fait admettre, à tort ou à raison, ces opérations comme le régulateur de la fortune publique.

Le chiffre d'opérations qui se font dans ce lieu de tripot est fabuleux, car il atteint la somme incroyable de 80 milliards par an. Ce n'est pas dans le calme et la tranquillé qu'on peut atteindre ce chiffre; il faut donc précipiter les émotions. Celle qui produit le plus de sensation est, sans contredit, l'annonce d'une rupture de relations avec une puissance voisine. Aussi les agioteurs à la Bourse ne négligent-ils rien pour propager des sujets de guerre; c'est pourquoi celle de 1870, qui nous a été si funeste, a été accueillie avec enthousiasme par les spéculateurs qui comptaient sur le succès de nos armes. Donc, ce lieu n'est qu'un foyer d'agitation et de corruption; en un mot, c'est l'école de la friponnerie. Il est utile de faire remarquer que les nouvelles les plus invraisemblables, à force d'être répétées, finissent par être crues.

Comme la presse recueille toutes les nouvelles, elle s'empresse d'en aller chercher à la Bourse et d'en alimenter l'imagination de ses lecteurs. La polémique s'enga-

(1) Élection de M. Raspail.

geant avec la presse étrangère, après quelques critiques
de part et d'autre, ce qui n'était que le fait de spéculateurs
devient quelquefois un sujet sérieux, et parfois conduit à la
guerre. Il est donc facile de voir que ces faux bruits ont
parfois des conséquences déplorables ; car, je le répète, il
ne faut pas nous dissimuler que la guerre de 1870 qui nous
a été si désastreuse, loin de trouver dans les conversations
tenues à la Bourse un langage propre à modérer l'impétuo-
sité de certains hommes qui, pour des motifs différents,
ont encouragé la déclaration de guerre, n'ont fait que se
joindre à eux pour les appuyer : l'intérêt du pays n'était
pas consulté, mais l'assurance de la victoire leur promettait
des opérations très-lucratives.

Personne n'a oublié la fameuse nouvelle d'une prétendue
victoire remportée par nous. Cette nouvelle fut affichée à
la Bourse. Immédiatement toutes les valeurs ont haussé
démesurément. Elle fut transmise le même jour, à la même
heure, à la Bourse de Lyon, où elle produisit le même
effet. Le lendemain il y eut une grande déception, car la
nouvelle était fausse.

A qui attribuer la propagation d'une pareille nouvelle ?
Est-ce à un personnage faisant partie de l'autorité supé-
rieure qui aurait voulu réaliser un gros bénéfice, ou à un
simple spéculateur de mauvaise foi qui aurait été assez
hardi pour placarder dans l'intérieur de la Bourse, au mi-
lieu d'un public très-nombreux, une nouvelle de ce genre ?
S'il en est ainsi, il faut avouer qu'il y a bien peu de surveillance dans cet établissement. Jusqu'ici tous les commen-
taires sont permis, car un groupe d'hommes trop confiants
ont été surpris par cette supercherie, et dès le lendemain
ils ont formé plainte contre une pareille manœuvre. Qu'a
répondu l'autorité ? Que le coupable était entre les mains
de la justice, et là se sont bornés les renseignements ; mais
la perte est restée pour ceux qui avaient agi de bonne foi.

Une telle organisation ne réclame-t-elle pas impérieusement des réformes si nous ne voulons pas être témoins d'une ruine totale.

Ignorant encore ce dernier fait qui révolte la conscience publique ; j'ai cru travailler dans l'intérêt du pays en adressant le 14 mars 1870 une pétition au Sénat, afin d'attirer l'attention de cette docte assemblée sur les déprédations qui se commettent à la Bourse, dont voici la teneur :

Messieurs les sénateurs,

Parmi les combinaisons qui font partie intégrante de notre organisation sociale, il en est qui exigent une surveillance très-assidue à cause des dégradations considérables que leur côté défectueux répand dans le public.

C'est à ce point de vue que je prends la respectueuse liberté d'appeler votre attention sur l'institution de la Bourse qu'il est temps de modifier, vu les progrès rapides d'agiotage honteux qui s'opèrent dans ce lieu de tripot, et qui menacent la société d'arriver bientôt à une ruine inévitable.

Comme le prix plus ou moins élevé des valeurs cotées à la Bourse est généralement pris pour le thermomètre de la fortune publique, cette base, qui n'est qu'une illusion, trompe les hommes d'État qui l'admettent, et les fourvoie au point de mal gérer les affaires du pays.

L'établissement de la Bourse, tel qu'il existe aujourd'hui, ne peut être considéré que comme le rendez-vous de la fourberie et du mensonge, puisque c'est là où se développent toutes les passions. On y voit même des hommes ayant, par leur caractère et leur position, acquis le droit à la confiance publique, user de supercherie et s'y livrer à la propagation de nouvelles les plus satisfaisantes ou les plus alarmantes, selon que leurs intérêts s'en trouvent mieux servis, ce qui entretient chez nous une inquiétude continuelle qui arrête les transactions commerciales et entrave la prospérité. En un mot, les opérations qui se font à la Bourse ne peuvent être considérées que comme le résultat d'une loterie organisée sur une vaste échelle, puisqu'une valeur en numéraire y est échangée contre une valeur fiduciaire en vue de chances problématiques. Or, les loteries ayant été reconnues funestes à la société, une sage législation les a supprimées par des ordonnances rendues contre elles à différentes époques.

Permettez-moi, messieurs les sénateurs, de vous exposer qu'il est temps d'en user de même avec ce fléau corrupteur que nous avons à supporter depuis plusieurs années. Le seul moyen de l'arrêter serait de faire défense expresse d'emprunts avec lots, tout en assurant au prêteur un revenu suffisant ; et ensuite la suppression des plus-values sur les valeurs industrielles, en ne les laissant jamais dépasser le taux de l'émission, sinon, retour de ces plus-values au Trésor. Les primes retirées, nous verrions bientôt les ambitions se modérer, et nous n'aurions plus à regretter que des hommes honorables s'engagent dans des entreprises hasardeuses au détriment du public.

Les placements sérieux trouveraient dans ce mode un immense avantage, attendu qu'il y aurait un revenu fixe pour les obligations et pour la rente sans voir leurs prix s'élever à un taux scandaleux, qui peut descendre considérablement au moindre événement et provoquer une ruine générale. Les actionnaires profiteraient des bénéfices réels des entreprises sans encourir aucune réduction. Ce moyen aurait le double avantage : 1° de faire prendre à ces valeurs le chemin inverse de celui qu'elles ont pris jusqu'à ce jour et retourner à leur valeur normale, ce qui éviterait une ruine dont nous sommes infailliblement menacés ; 2° de rendre au commerce et à l'industrie des capitaux dont ils ont tant besoin. Les enquêtes faites jusqu'alors n'ont-elles pas suffisamment prouvé que les spéculateurs de la Bourse détournaient les capitaux et portaient une terrible atteinte à notre agriculture en enlevant l'argent nécessaire à la fécondité du sol, et c'est en faveur de cette dernière que je les réclame plus particulièrement.

J'ose espérer, messieurs les sénateurs, que le projet que j'ai l'honneur de soumettre à votre juste appréciation sera bien accueilli, et que le résultat de votre examen me convaincra que je suis arrivé au but que je me propose, celui d'être utile à mon pays.

J'ai l'honneur d'être, etc.

Je craignais qu'une demande de réforme adressée directement à M. le président du Sénat, n'ayant pour toute recommandation que sa valeur, ne soit pas trouvée digne d'une réponse ; mais, lorsque je lus le *Moniteur officiel* du 29 juin, où je trouvai le rapport fait par M. Michel Chevalier, je m'aperçus que j'avais touché la plaie.

Voici ce rapport :

Messieurs les sénateurs, le sieur Barry, ancien cultivateur, à Paris, demande, pour remédier à l'agiotage, qu'on interdise les plus-values des valeurs industrielles et qu'on supprime les emprunts accompagnés de lots distribués par la voie du tirage au sort.

Pour obvier aux inconvénients dont est préoccupé le pétitionnaire, les deux mesures distinctes devraient, suivant lui, être employées simultanément.

Par la suppression des plus-values sur les valeurs industrielles, le pétitionnaire entend l'interdiction de vendre ces valeurs au-dessus du taux de l'émission. Ainsi, toute action pour laquelle il aurait été versé 500 francs, ne pourrait, quels que fussent les produits de l'entreprise et le revenu net, se vendre plus de 500 fr. S'il se faisait une vente à un taux supérieur, le surplus serait attribué au Trésor.

Cette proposition est contraire à l'équité. Il n'y a rien que de convenable et de juste à ce qu'une action ou valeur analogue, qui produit un gros revenu, se vende plus cher que celle qui n'en produit qu'un médiocre, et à ce qu'elle soit cotée d'autant plus haut qu'elle rapporte davantage. Si le législateur s'ingérait à prohiber la hausse et à la frapper d'une sorte de confiscation, il n'y aurait pas de raison pour qu'on ne lui demandât pas de défendre la baisse et de l'ériger en délit passible d'amende. Sur ce point donc, il n'y a pas lieu de prendre en considération la pétition du sieur Barry.

L'autre proposition du pétitionnaire consiste à interdire absolument l'émission d'emprunts sous la forme d'obligations avec des lots distribués par le sort. La question des emprunts accompagnés de lots a été fort controversée. D'un côté, l'on soutient que la législation française sur les loteries, telle qu'elle a été formulée par la loi du 21 mai 1836, a pour effet d'interdire ce genre d'opérations.

Dans le sens opposé, on fait remarquer qu'alors que fut présentée et votée la loi de 1836, les obligations à lots étant peu ou point en usage, le législateur n'avait pu en faire l'objet de ses prescriptions, et qu'ainsi il y a lieu de douter fortement que la loi de 1836 puisse leur être raisonnablement appliquée. On ajoute que des faits importants sont survenus depuis cette loi et lui servent de commentaire, réfutant l'opinion d'après laquelle les opérations dont il s'agit seraient atteintes par elle.

On représente aussi qu'il y a des raisons de principe qui s'opposent à ce que l'émission de ces valeurs soit prohibée d'une manière générale.

Ce n'est pas la première fois que la question des obligations avec lots ou primes se présente devant le Sénat. Elle lui a été soumise, dans le cours de la présente session, par un remarquable rapport de notre honorable et savant collègue, M. le procureur-général comte de Casabianca. C'était dans la séance du 15 février, à l'occasion d'une pétition du sieur Monteau.

Le rapport exposait un ensemble de considérations qui

ont beaucoup de ressemblance avec celles que nous allons présenter, et le Sénat adopta les conclusions de ce rapport.

C'est un fait que de grands emprunts ont été négociés dans le système des obligations avec lots.

La Ville de Paris a été autorisée à émettre des obligations avec lots toutes les fois qu'elle l'a demandé. Elle en a largement usé, et elle n'a eu qu'à s'en féliciter. Elle est arrivée ainsi à placer ses emprunts à un taux plus avantageux, sans que les preneurs s'en soient jamais plaints.

De même le Crédit foncier a émis avec succès des obligations accompagnées de lots, et cette opération n'est pas absolument étrangère à la prospérité de l'institution.

La Compagnie de l'Isthme de Suez a été autorisée à négocier un emprunt considérable dans ce système.

L'emprunt mexicain offre un autre exemple de l'émission d'obligations avec lots. Ici les lots étaient énormes ; il y en avait un de 500,000 fr., et la somme des lots s'élevait par an, pour deux tirages, à 3 millions de francs.

Un autre fait, qui a peut-être plus de portée encore, consiste dans de certaines dispositions de traités internationaux. Un de ces traités, celui du 1er mai 1861 avec la Belgique, porte que les valeurs belges avec lots ou primes, émises par les provinces, les communes, les établissements publics et les sociétés anonymes, et cotées à la Bourse de Bruxelles, seront admises à la cote officielle des Bourses de France, pourvu que ces valeurs attribuent aux porteurs un intérêt fixe qui ne soit pas inférieur à 3 0/0, soit du capital nominal, soit du capital réellement emprunté, si celui-ci est inférieur au capital nominal.

Cette disposition, spéciale d'abord à la Belgique, a été étendue à plusieurs autres Etats par les traités de commerce conclus postérieurement au 1er mai 1861 : elle l'a été au moyen de la clause qu'on appelle la nation la plus favorisée.

En conséquence, les valeurs originaires de ces différents Etats sont de droit négociables à la Bourse de Paris, alors même que les porteurs jouissent d'un avantage dépendant du sort, en participant aux chances de lots ou primes, pourvu que ces dispositions aléatoires ne réduisent pas l'intérêt fixe à moins de 3 0/0.

Enfin, les obligations des chemins de fer offrent un avantage aléatoire, par le moyen de la combinaison qui en assure le remboursement, à la suite d'un tirage au sort, au taux de 500 fr., quoiqu'elles aient été émises dans la plupart des cas aux environs de 300 fr., et assez fréquemment au-dessous.

Presque toutes les obligations des chemins de fer rentrent

ainsi dans la catégorie des obligations avec des lots attribués par le sort.

A ces considérations tirées de la pratique, et desquelles il résulte que la prohibition portée par la loi du 21 mai 1836 a été laissée à l'écart, en ce qui concerne l'émission des obligations avec lots, il n'est pas impossible d'en joindre qui découlent des principes et de la nature des choses, et qui porteraient à juger les émissions de ce genre autrement que ne le fait le pétitionnaire.

En principe, l'émission des obligations avec lots constitue-t-elle une opération analogue à la loterie ?

La loterie est condamnable à deux titres : 1° c'est purement et simplement un jeu de hasard, dans lequel la grande majorité des participants perdent la totalité de leur mise, afin qu'un très petit nombre en retire une somme plus ou moins forte ; 2° la partie n'est pas égale entre le public qui prend les billets et le capitaliste ou l'Etat qui remplit le rôle dit du banquier, c'est-à-dire qui tient la loterie, puisque ce dernier se réserve une chance meilleure que celle qu'il offre à la partie adverse. C'est la plus forte chance qui constitue un bénéfice en se répétant un grand nombre de fois et en se constituant à la faveur de ce que les mathématiciens nomment la loi des grands nombres.

Les émissions d'emprunts avec lots ou primes ne présentent ni l'un ni l'autre de ces caractères.

Ce qui les distingue des autres emprunts, c'est que, sur la somme totale affectée au service annuel des intérêts, on met à part une fraction relativement peu importante, c'est celle du huitième ou douzième dans les différents emprunts de la Ville de Paris et du Crédit foncier.

Ainsi, dans l'emprunt de la Ville de Paris de 1865, dont le montant nominal fut de 300 millions de francs, la somme annuellement répartie à titre d'intérêt se décompose comme il suit, pour cent francs du capital nominal de l'emprunt, capital nominal qui diffère peu du capital effectivement remis à la Ville :

1° 4 francs, soit 4 0/0 d'intérêt fixe, et 36 centimes 1/2 réservés pour les lots : total pour cent francs du capital nominal, 4 francs 36 centimes 1/2.

Il y a en outre 42 centimes d'amortissement dont il n'y a pas à s'occuper ici, puisque l'amortissement doit avoir lieu dans tous les cas, qu'il y ait ou non des lots.

La part qui constitue les lots est donc de 36 centimes 1/2 sur 4 francs 30 centimes 1/2, soit du douzième du bloc, distribué à titre d'intérêt ou de revenu proprement dit, sans l'amortissement.

Dans les emprunts antérieurs de la Ville de Paris, on

constate de même des proportions diverses montant jusqu'au huitième environ.

Dans l'emprunt de 1863 du Crédit foncier, montant à 200 millions, c'est le onzième.

De ce que nous venons de dire, il suit que ceux-là mêmes des porteurs d'obligations que le sort ne favorise pas, dans les cas qui viennent d'être indiqués, ne reçoivent pas moins des sept huitièmes aux onze douzièmes du revenu attaché à l'emprunt, indépendamment de l'amortissement. Ils recevraient encore les quatre cinquièmes, si, au lieu du huitième ou douzième, le prélèvement était porté au cinquième, ce qui n'a lieu que très rarement dans les grandes opérations (c'était le cas de l'emprunt mexicain).

On peut encore mentionner une circonstance qui tranche la différence entre les obligations avec lots et les billets de loterie : c'est que les porteurs d'obligations avec lots ont un moyen assuré de rentrer, après un tirage quelconque aussi bien qu'avant, dans l'intégralité de leur capital, lorsque l'obligation a servi à une entreprise raisonnable. A cet effet, ils n'ont qu'à vendre leurs titres, et cette vente leur restitue leurs versements. Tel est, certainement, le cas avec les emprunts de la Ville de Paris et du Crédit foncier.

Rien de pareil n'existe avec la loterie : là, après le tirage il ne reste plus rien.

Il est vrai que, si l'entreprise à laquelle ont servi les obligations avec lots se trouve mauvaise, les porteurs des obligations courent des risques et peuvent subir un désastre, mais c'est un fait indépendant de l'existence des lots. La perte ne provient pas de ce que des lots sont attachés aux obligations. Elle eût été la même si les obligations n'eussent été accompagnées d'aucun lot ou prime. Elle a pour origine unique, soit le vice intrinsèque de l'entreprise pour laquelle a été faite l'émission des obligations, soit l'incurie, l'incapacité et la déloyauté des administrateurs.

Une des raisons qui déterminent l'opposition que font un certain nombre de bons esprits aux obligations avec lots, c'est qu'ils considèrent les lots comme exerçant une sorte de fascination sur le public et comme contribuant à déterminer des souscriptions qui, autrement, manqueraient aux obligations destinées à des entreprises médiocres ou mauvaises. Mais il convient de se demander si les lots constituent le seul moyen de séduction qui puisse être employé avec succès, et si c'est le dire de tous. En supposant les lots interdits, il restera aux promoteurs d'affaires d'autres moyens d'action plus fâcheux pour les entreprises elles-mêmes. Ils auront, par exemple, celle d'un taux d'intérêt exhorbitant qu'on permettra aux obligations. Ils iront à huit, à dix, au-delà même. De tels taux d'intérêt sont écrasants pour les affaires. Avec les obligations à lots, la charge peut être sensiblement moins lourde.

De cet exposé, on peut conclure que les obligations avec des lots ne doivent point, par leur nature même, être assimilées à la loterie. Si, dans certains cas, l'émission de ces valeurs a été accompagnée de circonstances fâcheuses et suivie de la ruine des porteurs, on est fondé à croire que, dans les mêmes affaires et de la part des mêmes mains, l'émission d'actions ou d'obligations sans lots ou primes n'eût pas été moins regrettable.

Est-ce à dire que toute liberté devrait être laissée pour l'émission des obligations avec lots, ou valeurs de cette espèce, qu'il devrait être permis à qui que ce soit de les jeter sur le marché et qu'elles pourraient être mises en circulation avec telles combinaisons et sous telle forme qu'il plairait à des esprits téméraires ou sans scrupule?

En pareil cas, une liberté illimitée ne saurait être admise, et ce n'est pas celle que la cinquième commission des pétitions voudrait recommander au Sénat.

On peut remarquer d'abord que le traité franco-belge du 1er mai 1861 restreint les obligations avec lots qui seront négociables dans les bourses de France, à celles qui auraient été émises par les provinces (ou départements), les communes ou établissements publics (ou d'utilité publique), et les sociétés s'occupant d'entreprises d'intérêt public.

Ce traité dit expressément les sociétés anonymes. Voilà une première instruction qui est relative aux personnes et qu'il conviendrait de maintenir.

Une autre restriction, relative à la forme même des titres, est indiquée dans le même article de ce traité. Il y est dit que le prélèvement fait sur la somme représentant le revenu annuel, pour composer les lots ou primes, est limité par cette condition mathémathique qu'il doit rester un intérêt fixe de 3 0/0 au moins.

Il n'est pas superflu cependant de dire que ce mode de limitation, quoiqu'il ne soit pas sans efficacité, laisse beaucoup à désirer, qu'il est insuffisant et que la barrière qu'il oppose pourrait être avantageusement remplacée par une autre. C'est ce qui sera succinctement indiqué plus loin.

Il se pourrait, en effet, que, tout en respectant la limite ainsi tracée, au lieu d'affecter à la formation des lots seulement un huitième, un dixième, un douzième de la somme totale attribuée au service des intérêts ou formant le revenu distinct de l'amortissement, ainsi qu'on l'a fait dans les emprunts à lots de la Ville de Paris et du Crédit foncier, on y consacrât le tiers, la moitié et même davantage,

et, dès lors, par ce fait même, l'élément aléatoire domine
rait tellement qu'il y aurait lieu de dire qu'on est retombé
dans la loterie.

Il se pourrait encore qu'au lieu de faire deux tirages par
an, ou quatre au plus, comme pour l'emprunt de la Ville
de Paris de 1865, on eût des tirages mensuels ou même
plus fréquents ; ce retour pressé des tirages les uns sur les
autres est une des manières d'être de la loterie.

Il ne serait pas impossible qu'on se rapprochât de la loterie par diverses autres combinaisons qui consisteraient
à faire servir non l'intérêt, mais le fonds même du capital
emprunté, à composer des lots considérables destinés à
allécher un peuple trop confiant.

Pour que l'émission des emprunts avec lots ou primes
puisse être autorisée d'une manière quelconque, il serait
indispensable que ces différentes sortes d'abus fussent
prévenues.

A cet égard, il n'est pas difficile d'indiquer des dispositions réglementaires qui seraient efficaces.

Elles porteraient principalement :

1° Sur l'importance du prélèvement qu'on ferait sur le
bloc du revenu annuel attribué aux obligations, abstraction
faite de l'amortissement pour composer les lots. Le traité
du 1er mai 1861 avec la Belgique dispose que ce prélèvement ne doit pas excéder le point où il ne resterait que
3 0/0 d'intérêt fixe. Il y aurait plus d'avantage et moins de
marge laissée à l'élément aléatoire, si l'on fixait la proportion qui ne pourrait dépasser le prélèvement par rapport
à ce bloc.

Avec la limite qui consiste à réserver 3 0/0 d'intérêt fixe,
il y a des cas où l'on pourrait distraire la moitié, les deux
tiers de la somme pour constituer les lots au lieu de la
fraction que nous avons signalée sur les emprunts de la
Ville de Paris et du Crédit foncier, et qui varie, selon le
cas, du huitième au douzième.

Et, en effet, il n'est pas absolument rare de voir afficher
dans Paris des obligations de Compagnies ou d'Etats étran-
gers, où l'intérêt promis, y compris la prime au remboursement, s'élève à huit, neuf et dix pour cent.

Si l'on attachait des lots à ces opérations en ne réservant
que 3 0/0 d'intérêt fixe, les lots pourraient atteindre la
proportion énorme des deux tiers du revenu (dans l'hypo-
thèse de huit), sans que la règle fût violée, c'est-à-dire
qu'on serait voisin de la loterie pure et simple. Cette obser-
vation suffit pour démontrer que la réserve d'un intérêt
fixe de 3 0/0 ne constitue pas, à beaucoup près, un mode
de limitation qui offre les garanties désirables.

L'administration elle-même et le législateur paraissent en avoir jugé ainsi. La loi du 4 juillet 1868, qui autorise la Compagnie du canal de Suez à émettre un emprunt sous la forme d'obligations accompagnées de lots, ne se contente pas de porter, dans un premier article, que les titres émis jouiront d'un intérêt annuel fixe, dont le taux ne pourra être inférieur à 3 0/0 du capital nominal.

Elle stipule en même temps une autre limitation plus efficace en ces termes : « La somme annuelle des bénéfices aléatoires attribués sous forme de lots ne pourra, en aucun cas, excéder 1 0/0 du capital.

La combinaison indiquée plus haut qui consiste à dire que la somme à distribuer en lots ne pourra excéder une fraction déterminée de la somme à répartir sous la forme de revenu, abstraction faite de l'amortissement, cette combinaison n'est pas seulement plus simple que le système auquel on s'est arrêté pour le canal de Suez, elle est aussi plus claire, et implique une plus forte garantie.

2° Il serait utile de limiter le nombre annuel des tirages. et probablement d'interdire qu'il y en ait plus de quatre, C'est la limite établie dans les emprunts de la Ville de Paris.

3° On préviendrait dans une certaine mesure l'abus consistant à prendre les lots sur le capital, si l'on exigeait que, préalablement à tout tirage des lots ou primes, les versements aient atteint la moitié au moins du montant exigible. C'est le cas pour les obligations du Crédit foncier.

4° Dans une pensée de protection des petites bourses contre certains entraînements, on pourrait établir que le montant de chaque obligation ne pourrait être inférieur à une somme déterminée, 500 fr. par exemple. C'est un soin qu'on a eu dans la plupart des circonstances où le gouvernement est intervenu.

5° Il y aurait lieu aussi de prescrire un amortissement qui devrait avoir eu son plein effet dans un délai de cinquante à soixante ans au plus.

Quant aux conditions relatives aux personnes, celles qui sont stipulées dans le traité franco-belge du 1er mai 1861 paraissent offrir des garanties suffisantes.

L'honorable et savant rapporteur de la pétition qui a occupé le Sénat le 15 février dernier, vous avait exposé que les valeurs avec lots ou primes avaient pénétré dans toutes les classes de la société, qu'elles constituaient souvent une des principales ressources des patrimoines les plus modestes, et que, « néanmoins, elles n'étaient pas suffisamment protégées par la loi. Dans un grand nombre de

cas, leur légalité, disait-il, n'est pas à l'abri de toute controverse. »

Il en concluait « qu'il y avait lieu de faire cesser, par une réglementation précise, les doutes qui se sont manifestés dans une question où de si grands intérêts se trouvent engagés. »

C'est la même opinion que la cinquième commission des pétitions a l'honneur de soumettre au Sénat aujourd'hui.

Lors de votre délibération du 15 février, la commission conseillait, par l'organe de son rapporteur, d'introduire dans la loi de 1836 une disposition additionnelle qui, à l'exemple de ce qui a eu lieu pour les loteries destinées à des actes de bienfaisance ou à l'encouragement des arts, permettrait au gouvernement d'autoriser les emprunts émis sous les conditions déterminées par le traité de commerce avec la Belgique.

Ce procédé, on vient de le voir, n'est pas exempt d'inconvénients. Nous venons de montrer à quel point, dans certains cas, une limite ainsi fixée serait suffisante. Mais ce n'est pas tout; un tel système aurait l'effet d'engager la responsabilité du gouvernement plus qu'il n'y est intéressé lui-même, et plus que n'y porte le courant actuel de l'opinion. Pendant certaines périodes on lâcherait trop la main, pendant d'autres on retiendrait avec excès. et s'il arrivait des désastres on serait enclin à les imputer au gouvernement, qui n'en serait cependant pas l'auteur.

A ce mode de procéder recommandé le 15 février 1870, on pourrait en substituer un autre qui consisterait à fixer par la loi un certain nombre de conditions générales, relatives, les unes aux corps ou sociétés pouvant exercer la faculté d'émettre de telles valeurs, les autres aux circonstances fondamentales de l'émission elle-même. Sous ces conditions, la mise en circulation des titres dont il s'agit deviendrait libre sous la responsabilité, non plus du gouvernement, mais de ces corps ou sociétés.

Ce n'est pas ici le lieu de mettre en parallèle les deux systèmes, afin de rechercher lequel des deux décidément mérite la préférence.

Notre principal objet était de montrer ce que la proposition du sieur Barry a d'excessif et d'inadmissible, et de réduire à sa juste valeur une opinion assez répandue à l'encontre de l'émission des emprunts avec lots ou primes.

Votre cinquième commission, messieurs les sénateurs, a l'honneur de vous proposer l'ordre du jour sur la pétition du sieur Barry.

Pour prouver combien M. le rapporteur a eu de difficultés pour combattre les moyens de réforme que j'ai proposés dans ma pétition, il ne suffit que de citer quelques-uns de ses principaux arguments. Il commence par dire :

La suppression de la plus-value sur les actions serait contraire à l'équité ; car rien n'est plus convenable et plus juste qu'une action ou une valeur analogue qui produit un gros revenu, se vende plus cher que celle qui n'en produit qu'un médiocre et à ce qu'elle soit cotée d'autant plus haut qu'elle rapporte davantage. Sur ce point donc, il n'y a pas lieu de prendre en considération la pétition du sieur Barry.

Cet argument ne fait qu'éluder la question, mais il ne la résout pas ; car si le titre ne subissait une augmentation de valeur que parce que l'entreprise qu'il représente a réalisé de plus grands bénéfices, il n'y aurait pas de réforme à demander dans le mode d'opération ; mais il est facile de voir qu'il n'y a rien de loyal dans ces opérations d'une Bourse qui dure à peine quelques heures, pendant lesquelles il ne peut s'opérer de modifications soit en plus, soit en moins de revenu. Ce n'est donc que ce que l'on appelle communément le jeu de Bourse qui fait hausser ou baisser les valeurs.

Je maintiens que ce jeu est le plus grand et le plus dangereux des jeux de hasard ; il est donc urgent de le supprimer, comme l'ont été tous ceux de son espèce.

L'autre proposition du pétitionnaire consiste à interdire absolument l'émission d'emprunts sous la forme d'obligations avec lots distribués par le sort. La question des emprunts accompagnés de lots a été fort controversée. D'un côté, dit le rapporteur, on soutient que la législation française sur les loteries, telle qu'elle a été formulée par la loi du 21 mai 1836, a pour effet d'interdire ce genre d'opération.

Dans le sens opposé, on a fait remarquer qu'alors que fût présentée et votée la loi de 1836, les obligations à lots étant peu ou point en usage, la législation n'avait pu en faire l'objet de ses prescriptions, et qu'ainsi il y a lieu de douter fortement que la loi de 1836 puisse leur être raisonnablement appliquée.

La Ville de Paris a été autorisée à émettre des obligations avec lots toutes les fois qu'elle l'a demandé. Elle en a largement usé, et elle n'a eu qu'à s'en féliciter. Elle est arrivée ainsi à placer ses emprunts à un taux plus avantageux, sans que les preneurs s'en soient jamais plaints.

De même le Crédit foncier a émis avec succès des obligations accompagnées de lots, et cette opération n'est pas absolument étrangère à la prospérité de l'institution.

L'emprunt mexicain offre un autre exemple de l'émission d'obligations avec lots, Ici les lots étaient énormes, il y en avait un de 500,000 fr., et la somme des lots s'élevait par an, pour deux tirages, à 3 millions de francs.

Le rapporteur s'appuie sur ce que les opinions sont partagées sur la législation de 1836 concernant les loteries auxquelles ont voudrait assimiler les emprunts avec lots. Quand même ce cas ne serait pas prévu par la loi de 1836, n'est-il pas de toute évidence que les lots accompagnant les emprunts, n'ont lieu que pour séduire le public ?

Le rapport semble louer ce genre d'emprunts, car il y est dit que la Ville de Paris a eu plusieurs fois recours à ce moyen et qu'elle s'en est bien trouvée sans que les preneurs s'en soient plaints.

Il est bien rare qu'il se fasse des affaires où les deux parties soient favorisées. La plus grande faveur pour la Ville de Paris, c'est qu'au moyen de la tentation, elle a malheureusement toujours trouvé à emprunter facilement, ce qui l'a mise beaucoup en dette. On dit que les prêteurs ne se sont jamais plaints : ils ne l'ont pas fait en corps, mais ils le font isolément ; car chaque tirage effectué, chacun regrette de ne pas avoir placé son argent plus avantageusement.

Les lots ne peuvent être considérés que comme expédients pour obtenir facilement de l'argent, et, au fur et à mesure que le crédit baisse, les lots grossissent, attendu que c'est le seul objectif, et principalement le gros lot.

Puisque les charges sont supportées par chacun de nous,

ne serait-il pas beaucoup plus équitable de distribuer les
avantages entre les mains du plus grand nombre possible,
et, au lieu de séduire par des lots de plusieurs centaines de
mille francs, d'offrir un intérêt plus élevé, de manière que
l'emprunteur ne paie pas plus cher et que les prêteurs
trouvent un revenu fixe qui donne à beaucoup l'aisance,
tandis que l'espoir de gagner 200,000 fr., dont la chance
est quelque fois d'une contre mille, les condamne à passer
leur vie dans une position mal aisée, résultant d'un faible
revenu?

Le rapporteur continuant, dit :

L'emprunt mexicain offre un autre exemple de l'émission
d'obligations avec lots. Ici les lots étaient énormes ; il y
en avait un de 500,000 fr., et la somme des lots s'élevait
par an, pour deux tirages, à 3 millions de francs.

Mais ce qu'il ne dit pas, c'est qu'il n'y a aucun doute
pour personne que le lot de 500,000 fr. n'ait été offert
comme principal attrait aux souscripteurs, ce qui a par-
faitement réussi pour obtenir de l'argent et pour ruiner
ceux qui n'ont pu résister à cette tentation.

Après avoir combattu l'assimilation aux loteries des emprunts avec lots, le rapporteur ne peut faire autrement que
d'avouer qu'il y a une grande ressemblance entre eux, car
il ajoute :

Est-ce à dire que toute liberté devrait être laissée
pour l'émission des obligations avec lots ou valeur de cette
espèce, qu'il devrait être permis à qui que ce soit de jeter
sur le marché et qu'elles pourraient être mises en circulation avec telles combinaisons et sous telle forme qu'il plairait à des esprits téméraires ou sans scrupule ?
En pareil cas, une liberté illimitée ne saurait être admise,
et ce n'est pas celle que la cinquième commission des pétitions voudrait recommander au Sénat.
Il ne serait pas impossible qu'on se rapprochât de la
loterie par diverses combinaisons qui consisteraient à faire
servir non l'intérêt, mais le fonds même du capital emprunté à composer des lots considérables destinés à allécher un public trop confiant.

Pour que l'émission des emprunts avec lots ou primes puisse être autorisée d'une manière quelconque, il serait indispensable que ces différentes sortes d'abus fussent prévenus, et pour cela, il serait utile de limiter le nombre annuel des tirages, et probablement d'interdire qu'il y en ait plus de quatre : c'est la limite établie dans les emprunts de la Ville de Paris.

Quel serait le législateur assez hardi pour oser affirmer qu'avec une limite de quatre tirages par an, des emprunts avec lots, il y a toute la sécurité voulue pour le souscripteur ? En convenant que s'il y avait cinq tirages, ce genre d'emprunts pourrait être comparé aux loteries ; c'est donc, après avoir épuisé tous ses arguments, que le rapporteur a avoué que le système est mauvais. Puisqu'il en est ainsi, il faut de toute nécessité le changer au plus vite, pour ne pas laisser faire de nouveaux progrès à la ruine.

Après avoir exposé nettement les dangers résultant de nos modes d'emprunts et démontré les conséquences désastreuses où peut nous conduire le système usité jusqu'ici dans les opérations de Bourse pour les valeurs avec un revenu aléatoire, il est indispensable de voir combien le même système est dangereux pour les valeurs à revenu fixe, telles que les obligations des chemins de fer garanties par l'État, et principalement la Rente.

Si ce n'est le jeu de bourse, les obligations de chemins de fer ne peuvent avoir que des fluctuations insignifiantes et la Rente doit être presque invariable, car le capital ne peut s'élever ou baisser qu'en prévision d'un plus ou moins gros revenu, ce qui n'a jamais lieu pour ces valeurs.

Pourquoi en serait-il autrement ? Quand un particulier emprunte par hypothèque ou par billet, doit-il rembourser un capital supérieur à celui emprunté ? Non : en payant les intérêts convenus, il ne doit rembourser que la somme empruntée.

Ce serait donc en vain qu'on objecterait que les garanties sont plus grandes dans le placement hypothécaire que sur la Rente, car en admettant que cela soit, il y a un avantage dans la Rente qui compense bien au delà cette garantie, en ce que, les frais étant grands pour les emprunts hypothécaires, les prêts ne se font que pour un nombre d'années assez long. Quelle que soit la position du prêteur, soit qu'il éprouve des revers de fortune ou qu'il se présente une entreprise avantageuse à faire, il ne peut disposer de son argent. Il en est tout autrement avec la Rente, puisque, du jour au lendemain, il peut se procurer de l'argent.

Après avoir indiqué les abus résultant de nos modes d'emprunts, il est indispensable de nous rendre compte des effets qu'ils ont produits. Nous allons commencer par ceux de la Ville de Paris.

Tout en admettant que dès le commencement du dernier règne, la Ville de Paris avait besoin d'améliorations, ce qui n'était que la continuation des règnes précédents ; il n'y a pas un homme de bons sens qui ne reconnaisse qu'à travers des travaux d'une grande utilité, on en a fait beaucoup d'inutiles et de ruineux.

Les premiers travaux qu'a fait exécuter la Ville de Paris pour le percement des grandes rues ou boulevards, ont donné un essor considérable au bien-être des habitants. les uns commerçants, les autres entrepreneurs, les autres ouvriers.

Le principal mobile de cette impulsion fut l'emprunt avec l'argent duquel on a exproprié, démoli et reconstruit.

Pendant longtemps, les autorités ont persuadé, sinon toute, mais une grande partie de la population, que ce moyen enrichissait la Ville, par la raison qu'elle revendait les terrains beaucoup plus chers qu'elle ne les avait payés ; et, par l'organisation séduisante de ses emprunts à lots et à primes, l'empressement des souscripteurs n'a pas manqué, et la ruse aidant, ces valeurs ont fait la fortune d'un certain nombre de spéculateurs à la Bourse. Avec l'espoir d'un pareil résultat, que de solliciteurs ont soumis des projets, et que d'intéressés les ont fait admettre !

Plus malheureux qu'un particulier qui a fait de fausses

opérations et qui veut se dédommager en en faisant de
nouvelles qui le conduisent à sa ruine, la Ville de Paris,
à une époque donnée, il ne lui a plus été possible d'arrêter
ses travaux, puisque ceci aurait amené le chômage pour les
ouvriers, ce qui était dangereux ; il fallait donc continuer
les emprunts pour entretenir le travail, ce qui chargea la
Ville d'une dette exorbitante.

Si, au lieu de laisser monter à des prix fabuleux au-dessus du taux de l'émission les obligations de la Ville de
Paris, l'État s'était réservé le droit de s'attribuer la plus-
value qui aurait excédé ce taux, ce qui n'aurait porté aucun
préjudice aux souscripteurs, il y aurait eu beaucoup moins
d'envieux d'entreprises, et nous aurions connu au juste la
situation de la Ville, ce qui aurait évité de nous trouver
dans une position aussi désastreuse.

Ce qui a eu lieu pour la Ville de Paris, a eu lieu égale-
ment pour celles de province et pour un grand nombre de
communes. Il en a été de même pour les chemins de fer, car
les premiers réseaux ont produit de grands avantages,
mais la spéculation est venue paralyser ces bienfaits, en
sollicitant avec frénésie des embranchements dans toutes
les directions.

Pour les hommes de bon sens et consciencieux, il était
facile de prévoir que les transports ne se multiplieraient pas
dans la proportion des dépenses ; mais il y avait deux
grands moteurs pour déterminer ces entreprises : d'abord
la spéculation et l'influence d'hommes intéressés, soit
comme industriels, soit comme riches propriétaires qui
cherchaient un bien-être personnel, et l'autre, beaucoup
plus puissant encore : celui d'entretenir l'activité du
commerce.

Comme on était entré à marche forcée dans la voie des
travaux gigantesques, il fallait de toute nécessité en créer
pour occuper les ouvriers. Afin de pouvoir continuer ce
système, il était indispensable de faire ressortir de grands
avantages des entreprises, et, à ce sujet, on a laissé aux

agioteurs à la Bourse la liberté d'user de tous les expédients pour tromper le public.

Lorsqu'il s'agissait d'emprunt, si quelques membres de
la Chambre voulaient s'y opposer, il était facile de les réduire au silence, en leur opposant la prospérité du pays
par la marche ascensionnelle que les valeurs obtenaient à
la Bourse.

Comme il n'a pas été facile pendant longtemps de se
rendre compte de la situation des villes, et encore moins
de celle de la France, puisqu'on n'a jamais pu obtenir de
compte exact d'aucun budget, ne devait-on pas accepter
l'état de prospérité qu'on nous faisait valoir comme réel ?

Ce n'est que quand le mal a eu fait beaucoup de victimes,
d'énormes ravages, que nous l'avons aperçu. Si on avait agi
de bonne foi, que les valeurs vendues à la Bourse n'aient
jamais pu dépasser le taux de l'émission, ou obliger le
surplus à rentrer dans les caisses du Trésor, la Bourse
n'aurait certainement pas fait jusqu'à 80 milliards d'affaires
par an, (ce qui n'a guère augmenté la fortune publique,
mais qui nous fait souvenir du système introduit par Law
sous Louis XV) ; avec ce moyen, nous aurions suivi pas à
pas la prospérité du pays, nous lui aurions accordé des
améliorations selon nos ressources et nous serions dans
une position florissante, au lieu que nous nous sommes engagés dans une voie déplorable.

Les spéculations à la Bourse ont beaucoup contribué à
la corruption des mœurs et n'ont épargné aucune classe
de la société ; car, avec l'organisation actuelle, elle prête
à tous les soupçons et peut corrompre tous les hommes
sans exception. La nature n'a eu égard ni à la naissance, ni
aux missions que les hommes devaient remplir, c'est ce
qui fait que nous n'avons que trop d'exemples, que des
hommes dont la mission leur imprimait un caractère qui
devait éloigner d'eux pour toujours, même la pensée de
se livrer à des opérations de bourse, se trouvant séduits

par l'appât du lucre, entrèrent dans une voie qui les perdit et discrédite leur corporation.

Les membres qui composent le gouvernement sont le plus souvent des hommes intègres, mais malheureusement combien n'avons-nous pas d'exemples qu'il s'est rencontré des concussionnaires parmi eux. Un ministre qui arriverait avec de pareilles dispositions, quelle fortune ne pourrait-il pas faire aux dépens de la fortune publique? A tort ou à raison, les soupçons planent tellement sur ces hommes puissants, que dans la séance du 7 juillet 1870 un orateur éminent, n'ayant pu se contenir en voyant qu'on voulait ajourner un projet de loi qui lui paraissait urgent, s'est écrié : vous demandez un délai, c'est pour favoriser le tripotage de la Bourse ; et dans une autre circonstance, un directeur d'un de nos grands établissements financiers, à qui on reprochait d'avoir laissé tomber une valeur dont on avait tout intérêt à maintenir le prix, répondre en pleine assemblée : vous ne savez pas, messieurs, ce qu'il en coûte pour entretenir les hauts cours à la Bourse. De même que la femme de César, les hommes qui nous gouvernent ne doivent pas être laissés dans une position à être soupçonnés ; supprimez la plus-value, et ces hommes conserveront une saine réputation.

Les opérations de Bourse entravent les transactions commerciales, car pendant un certain nombre d'années du règne qui vient de s'écrouler, bien qu'échafaudés sur l'artifice, les affaires ont pris un développement qui a permis aux spéculateurs de réaliser de gros bénéfices. Le goût de ces spéculateurs a fait des progrès immenses, mais au bout d'un certain temps les bénéfices ont sensiblement diminué. Les engagements pris, beaucoup de positions se sont trouvées compromises : il a fallu ou diminuer les opérations commerciales ou vendre à perte, et c'est là qu'existe une des causes qui ont le plus contribué à ralentir le commerce. S'il n'y avait pas eu de plus-value à espérer, l'achat de ces titres n'aurait pas eu lieu, et les affaires commerciales seraient restées plus prospères. Il n'est pas jusqu'au plus humble campagnard qui n'ait été alléché par ces gros bénéfices ; ce qui a fait qu'on a détourné beaucoup de capitaux de l'agriculture, là où il en manque toujours, et perdu des bénéfices réels pour courir après des bénéfices imaginaires, qui n'avaient pour résultat que de conduire à la ruine générale : s'il n'y avait pas eu ce funeste appât de plus-value, ces dignes campagnards auraient consacré une partie de leurs économies à acheter des engrais qui auraient fait produire à leurs terres des récoltes beaucoup plus abondantes, lesquelles leur auraient donné des bénéfices supérieurs à ceux qu'ils espéraient dans les valeur mobilières: bienfait qui aurait rejaillit dans toutes les classes de la société.

Par tout ce qui vient d'être exposé, et qui paraîtra marqué du sceau de la vérité par tous les hommes sérieux, n'y a-t-il pas urgence de travailler résolûment à une meilleure organisation financière, car il y a de quoi trembler sur les entreprises que font nos grands établissements depuis un certain nombre d'années.

Les emprunts émis, depuis longtemps, font prime avant la souscription et pour une valeur relativement forte. Si cela n'était pas le résultat d'expédients, les emprunteurs de quelque nature qu'ils soient ne prouveraient-ils pas qu'ils sont les délapidateurs des deniers publics, puisqu'ils auraient pu emprunter dans des conditions moins onéreuses? Mais, comme cela peut être constaté, c'est au fur et à mesure que la position du pays s'est aggravée que les souscripteurs ont semblé se montrer en plus grand nombre et couvrir la somme demandée 30 et 40 fois. Ces souscriptions n'étaient pas sérieuses, ce qui a été avoué publiquement par le ministre des finances lorsqu'il a proposé l'emprunt de 750 millions de 1870, car il a dit: cet emprunt ne se fera pas comme les précédents, il ne sera pas souscrit avec des sommes fantasmagoriques, ce sera un emprunt sérieux.

La combinaison n'était pas difficile pour obtenir de fortes

primes aux emprunts et faire réaliser de gros bénéfices aux souscripteurs : il suffisait pour cela, que le Crédit foncier, la Banque de France et quelques autres établissements accaparent la majeure partie des titres de l'émission. Beaucoup de spéculateurs se présentaient pour acheter en vue de revendre plus cher le lendemain, et n'hésitaient pas à accorder une prime aux premiers souscripteurs. Si nous examinons sérieusement les conséquences que peuvent avoir pour nos grandes compagnies financières des entreprises de ce genre, n'y a-t-il pas lieu de frémir sur le danger qu'elles courent?

Supposons qu'un de ces établissements, en vue de réaliser des bénéfices, accapare les titres d'une souscription de plusieurs centaines de millions et qu'il soit surpris par une époque désastreuse comme celle où nous nous trouvons en ce moment, ne puisse pas placer ses titres, il ne s'en trouverait pas moins engagé envers l'emprunteur dont les besoins pressants le rendrait exigeant : cet établissement se verrait donc dans l'impossibilité de remplir ses obligations.

Pour obvier à de si grandes éventualités et éviter des désastres, que le gouvernement rende un décret par lequel toute prime est supprimée pour les valeurs fiduciaires, et, lorsque l'État aura besoin d'emprunter sans avoir recours à des intermédiaires auxquels il est obligé de payer une commission, en les exposant à de grands dangers, qu'il s'adresse directement à la nation.

Ce serait en vain qu'on objecterait que ce système créerait des embarras au gouvernement en courant la chance de ne pas trouver suffisamment de souscripteurs ; car les établissements dont il vient d'être question ne peuvent pas fournir la somme demandée : ils sont donc obligés de faire ce que l'État a évité de faire.

L'État pourrait toujours trouver de l'argent, car, dans les moments difficiles, qu'il propose l'emprunt à un taux peu élevé en capital, et spontanément les épargnes viendront se presser dans ses coffres.

Comme l'Etat ne devra que la somme empruntée, lorsque la prospérité renaîtra, l'abondance du numéraire se fera concurrence, les valeurs monteront au-dessus du pair, alors il s'attribuera le surplus, ce qui, sans nuire à personne, diminuera d'autant sa dette ou équivaudra à un emprunt dont les titres auraient été émis à un prix plus élevé.

Pour tirer parti des ressources exceptionnelles que nous offre la fécondité de notre sol, pénétrons-nous bien que toute notre richesse vient exclusivement de la terre et que, par conséquent, nous devons nous occuper sérieusement d'elle et ne pas admettre la théorie de beaucoup d'économistes et de prétendus savants qui imaginent des remèdes aux maux de l'agriculture, qui, tout en n'étant que secondaires, ne nous laissent aucun espoir de les voir arriver d'ici un siècle. Les maux de l'agriculture ne sont pas comme les maux des corps animés, où il faut des académies de médecine et de longues études pour les découvrir : ce ne sont pas des maux occultes ; ils sont tous connus, et le seul, ou au moins le plus grand, c'est le manque d'engrais. Nous en procurer une plus grande quantité n'est pas chose difficile, il ne suffit que d'en fournir les moyens : l'argent ; le gouvernement le peut : ce n'est qu'en contraignant les capitaux à rester entre les mains de la population rurale par la suppression du jeu de Bourse.

Paris. — Imp. Ch. Schiller, 10, rue du Faubourg-Montmartre.

146

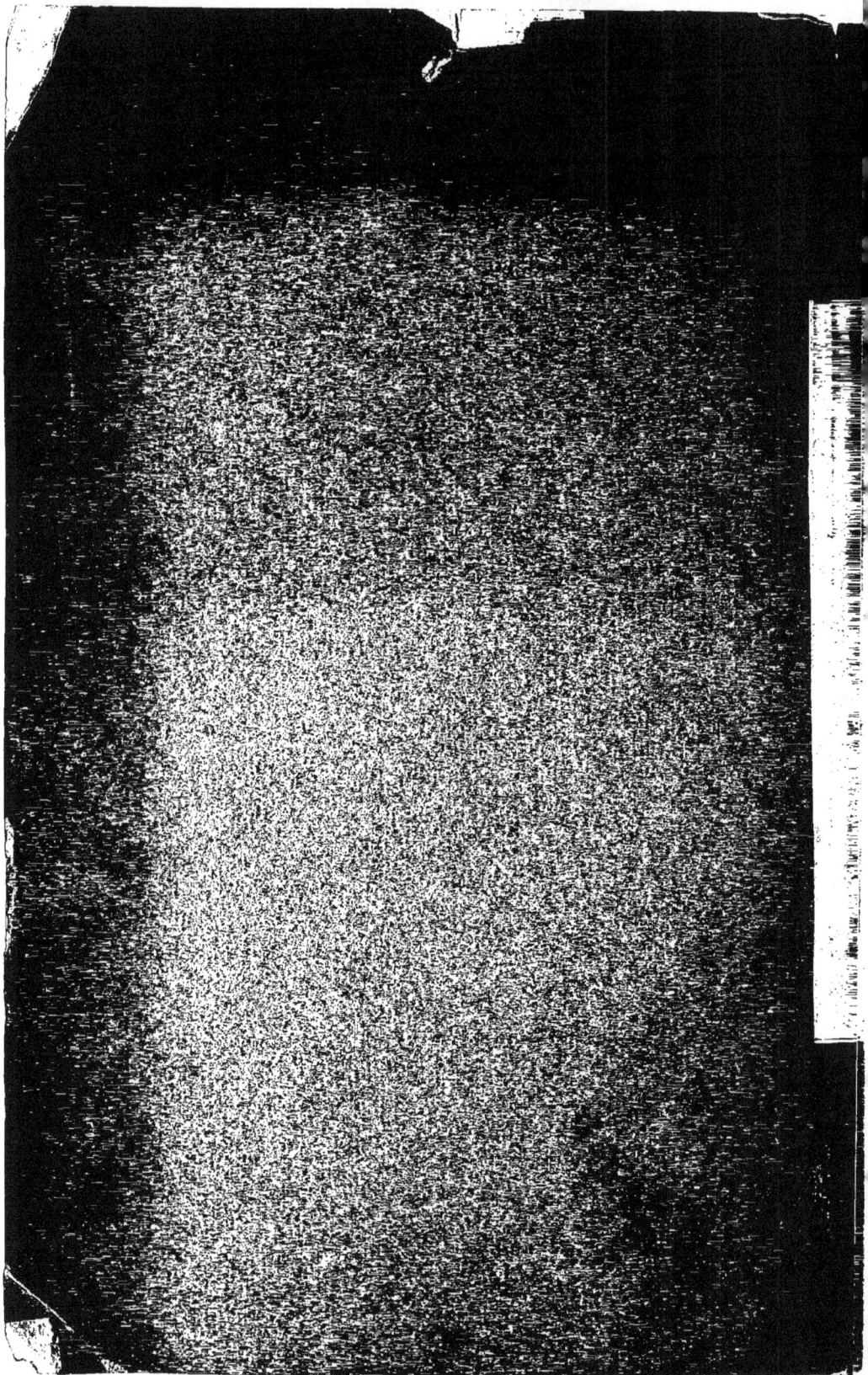

www.ingramcontent.com/pod-product-compliance
Lightning Source LLC
Chambersburg PA
CBHW071434200326
41520CB00014B/3685